essentials liefern aktuelles Wissen in konzentrierter Form. Die Essenz dessen, worauf es als „State-of-the-Art" in der gegenwärtigen Fachdiskussion oder in der Praxis ankommt. *essentials* informieren schnell, unkompliziert und verständlich

- als Einführung in ein aktuelles Thema aus Ihrem Fachgebiet
- als Einstieg in ein für Sie noch unbekanntes Themenfeld
- als Einblick, um zum Thema mitreden zu können

Die Bücher in elektronischer und gedruckter Form bringen das Expertenwissen von Springer-Fachautoren kompakt zur Darstellung. Sie sind besonders für die Nutzung als eBook auf Tablet-PCs, eBook-Readern und Smartphones geeignet. *essentials:* Wissensbausteine aus den Wirtschafts-, Sozial- und Geisteswissenschaften, aus Technik und Naturwissenschaften sowie aus Medizin, Psychologie und Gesundheitsberufen. Von renommierten Autoren aller Springer-Verlagsmarken.

Weitere Bände in dieser Reihe http://www.springer.com/series/13088

Christian Brandes · Michael Heller

Qualitätsmanagement in agilen IT-Projekten – quo vadis?

HMD Best Paper Award 2016

Dr. Christian Brandes
Möhrendorf, Deutschland

Michael Heller
Möhrendorf, Deutschland

ISSN 2197-6708 ISSN 2197-6716 (electronic)
essentials
ISBN 978-3-658-18084-3 ISBN 978-3-658-18085-0 (eBook)
DOI 10.1007/978-3-658-18085-0

Die Deutsche Nationalbibliothek verzeichnet diese Publikation in der Deutschen Nationalbibliografie; detaillierte bibliografische Daten sind im Internet über http://dnb.d-nb.de abrufbar.

Springer Vieweg

Gedruckt auf säurefreiem und chlorfrei gebleichtem Papier

Springer Vieweg ist Teil von Springer Nature
Die eingetragene Gesellschaft ist Springer Fachmedien Wiesbaden GmbH
Die Anschrift der Gesellschaft ist: Abraham-Lincoln-Str. 46, 65189 Wiesbaden, Germany

Geleitwort

Der prämierte Beitrag

Auch mit der Umsetzung neuartiger Vorgehensweisen und Methoden wird Qualitätsmanagement in der IT heute immer noch als „Achillesferse" wahrgenommen. Die Stimmen, die sich darüber beklagen, dass die IT nicht die von den Kunden bzw. Endbenutzern erwarteten Lösungen in Funktionalität, Verfügbarkeit, Performance etc. liefert, sind nicht zu überhören. Agile Methoden der Softwareentwicklung werden hier zwar zunehmend als Lösungsweg propagiert, sorgen allerdings oftmals für Irritationen oder gar Frustrationen, da eine Koexistenz von Agilität und Qualitätsmanagement vielfach grundsätzlich infrage gestellt wird. Der Beitrag löst anhand praktischer Projektbeispiele diese Missverständnisse auf und zeigt konkrete Handlungsmöglichkeiten, wie auch im Qualitätsmanagement die Vorteile agiler Vorgehensweisen nutzbar gemacht werden können. Die sprachlich hervorragende Darstellung agiler Prinzipien, gekoppelt mit der Projekterfahrung der Autoren machen den Beitrag nicht nur für Qualitätsverantwortliche lesbar und wertvoll.

Die HMD – Praxis der Wirtschaftsinformatik und der HMD Best Paper Award

Alle HMD-Beiträge basieren auf einem Transfer wissenschaftlicher Erkenntnisse in die Praxis der Wirtschaftsinformatik. Umfassendere Themenbereiche werden in HMD-Heften aus verschiedenen Blickwinkeln betrachtet, sodass in jedem Heft sowohl Wissenschaftler als auch Praktiker zu einem aktuellen Schwerpunktthema zu Wort kommen. Den verschiedenen Facetten eines Schwerpunktthemas geht ein

Grundlagenbeitrag zum State of the Art des Themenbereichs voraus. Damit liefert die HMD IT-Fach- und Führungskräften Lösungsideen für ihre Probleme, zeigt ihnen Umsetzungsmöglichkeiten auf und informiert sie über Neues in der Wirtschaftsinformatik. Studierende und Lehrende der Wirtschaftsinformatik erfahren zudem, welche Themen in der Praxis ihres Faches Herausforderungen darstellen und aktuell diskutiert werden.

Wir wollen unseren Lesern und auch solchen, die HMD noch nicht kennen, mit dem „HMD Best Paper Award“ eine kleine Sammlung an Beiträgen an die Hand geben, die wir für besonders lesenswert halten, und den Autoren, denen wir diese Beiträge zu verdanken haben, damit zugleich unsere Anerkennung zeigen. Mit dem „HMD Best Paper Award“ werden alljährlich die drei besten Beiträge eines Jahrgangs der Zeitschrift „HMD – Praxis der Wirtschaftsinformatik“ gewürdigt. Die Auswahl der Beiträge erfolgt durch das HMD-Herausgebergremium und orientiert sich an folgenden Kriterien:

- Zielgruppenadressierung
- Handlungsorientierung und Nachhaltigkeit
- Originalität und Neuigkeitsgehalt
- Erkennbarer Beitrag zum Erkenntnisfortschritt
- Nachvollziehbarkeit und Überzeugungskraft
- Sprachliche Lesbarkeit und Lebendigkeit

Alle drei prämierten Beiträge haben sich in mehreren Kriterien von den anderen Beiträgen abgesetzt und verdienen daher besondere Aufmerksamkeit. Neben dem Beitrag von Christian Brandes und Michael Heller wurden ausgezeichnet:

- Schröder, H., & Müller, A. (2016). Szenarien und Vorgehen für die Gestaltung der IT-Organisation von morgen. *HMD – Praxis der Wirtschaftsinformatik, 53* (5), 580–593 (Heft 311).
- Böck, M., Köbler, F., Anderl, E., & Le, L. (2016). Social Media-Analyse – Mehr als nur eine Wordcloud? *HMD – Praxis der Wirtschaftsinformatik, 53* (5), 323–338 (Heft 309).

Die HMD ist vor mehr als 50 Jahren erstmals erschienen: Im Oktober 1964 wurde das Grundwerk der ursprünglichen Loseblattsammlung unter dem Namen „Handbuch der maschinellen Datenverarbeitung“ ausgeliefert. Seit 1998 lautet der Titel der Zeitschrift unter Beibehaltung des bekannten HMD-Logos „Praxis der Wirtschaftsinformatik“, seit Januar 2014 erscheint sie bei Springer Vieweg.

Verlag und HMD-Herausgeber haben sich zum Ziel gesetzt, die Qualität von HMD-Heften und -Beiträgen stetig weiter zu verbessern. Jeder Beitrag wird dazu nach Einreichung doppelt begutachtet: Vom zuständigen HMD- oder Gastherausgeber (Herausgebergutachten) und von mindestens einem weiteren Experten, der anonym begutachtet (Blindgutachten). Nach Überarbeitung durch die Beitragsautoren prüft der betreuende Herausgeber die Einhaltung der Gutachtervorgaben und entscheidet auf dieser Basis über Annahme oder Ablehnung.

Stuttgart, Deutschland Hans-Peter Fröschle

Bibliografische Informationen

Brandes, C., & Heller, M. (2016). Qualitätsmanagement in agilen IT-Projekten – quo vadis? *HMD – Praxis der Wirtschaftsinformatik, 53* (2), 169–184 (Heft 308).

Inhaltsverzeichnis

1 Eine Geschichte voller Missverständnisse

Agile Verfahren des Projektmanagements und der Softwareentwicklung haben sich in den letzten Jahren etabliert und strahlen zunehmend in andere Bereiche und Prozesse in Unternehmen aus (etwa Portfolio-Management oder Betrieb). Der Anspruch agiler Methoden – kürzere Time-To-Market bei gleichbleibender oder sogar besserer Produktqualität – wird aber nicht in jedem Projekt erreicht. Erschwerend kommt hinzu, dass etablierte Rollen wie Test- oder Qualitätsmanager von vielen agilen „Evangelisten" schlicht ignoriert zu werden scheinen.

1.1 „Agil dokumentiert nichts"

Das agile Manifest (Agiles Manifest) formuliert vier grundsätzliche Werte, von denen einer lautet: „Working software over comprehensive documentation". Dies besagt, dass agile Teams den *Wert* lauffähiger Software höher einschätzen als den zugehöriger umfangreicher Dokumentation. Die Intention ist klar: Man will vermeiden, zum Liefertermin einen Berg Dokumente, aber ein nur teilweise produktiv nutzbares Produkt abzuliefern. Tatsächlich wird dieser sinnvolle Gedanke aber immer noch gerne in die radikale Formulierung „Im Agilen wird nichts dokumentiert!" übersetzt – obwohl das so nirgends behauptet wird.

Der scheinbare Widerspruch lässt sich leicht auflösen, indem man zu der Formulierung greift: „Es wird *nur* dokumentiert, was einen Wert oder Nutzen für irgendeinen Stakeholder hat." Oder anders ausgedrückt: Es soll nichts mehr nur um des Dokumentierens Willen dokumentiert werden. Dies erlaubt es nicht nur, in Branchen mit regulatorischen Anforderungen agil zu arbeiten, indem das Team alle Dokumente, die beispielsweise für ein späteres Audit zwingend benötigt werden, in die „Definition of Done" packt. Dieselbe Lösung schlägt natürlich auch

C. Brandes und M. Heller, *Qualitätsmanagement in agilen IT-Projekten – quo vadis?*, essentials, DOI 10.1007/978-3-658-18085-0_1

eine simple und funktionierende Brücke zum Qualitätsmanagement des jeweiligen Unternehmens, wenn man alle Dokumente, die das QM verlangt, genauso behandelt. Hier vertragen sich QM und Agilität also problemlos.

Eigentlich wäre damit zu dem Thema alles gesagt, gäbe es nicht noch die Beobachtung in der Praxis, dass die Erwartungshaltung von Auftraggebern „Ich bekomme Software jetzt viel schneller, weil nur noch codiert und nichts mehr dokumentiert wird" an dieser Stelle wirksam torpediert werden kann. Der fachliche Bedarfsträger muss nun in Planungs-Meetings damit leben, in einem Entwicklungszyklus „weniger Features" zugesagt zu bekommen als er in vor-agilen Zeiten zu fordern gewohnt war. Der Grund ist einfach, dass ein reifes agiles Team von Anfang an QM- und QS-Aktivitäten in der Planung berücksichtigt, insbesondere also Tests, Bugfixing und notwendige Dokumentation, aber auch Arbeiten, die vielleicht bisher in der Zeit nach dem Release „versteckt" waren und zum schleichenden Anwachsen technischer Schulden führten. Leider wird als Reaktion dann der schwarze Peter den agilen Methoden zugewiesen, nach dem Motto: „Das ist also auch nicht besser." Das ist falsch: Vorhandene und nicht wegdiskutierbare Prozessanforderungen sind eben diesem Prozess geschuldet und nicht dem gewählten Entwicklungsvorgehen.

1.2 „Test- und Qualitätsmanager gibt es in agilen Projekten nicht"

Wenn man sich den aktuellen Scrum-Guide (Offizieller Scrum-Guide) durchliest, stößt man hinsichtlich Team-Rollen auf sehr deutliche und bestimmte Aussagen: Neben dem *„Product Owner"* (als „Single Point of Contact" für das Projektteam) und dem *„Scrum Master"* (als Coach und „Impediment-Beseitiger") gibt es nur noch das Team selbst, genannt *„Entwicklungs(!)team"*. Mehr noch: „Scrum kennt keine Titel außer ‚Entwickler' für Mitglieder des Entwicklungsteams. (…) Es gibt keine Ausnahmen von dieser Regel." Domänen wie „Test" sollen tatsächlich explizit nicht genannt werden!

Nun ist „agil" nicht zwangsläufig identisch mit „Scrum", aber Scrum ist nach wie vor das am weitesten verbreitete agile Framework (Spilner et al. 2012). Folglich nimmt es nicht wunder, wenn wir bei Kundenteams immer wieder auf besorgte Rückfragen treffen wie:

- „Ich bin fachliche/r Tester/in – muss ich jetzt programmieren lernen, wenn in meinem Unternehmen künftig agil gearbeitet werden soll?"
- „Ich bin Testmanager – kann ich mich nun also einen neuen Job suchen, wenn meine Firma auf agile Entwicklung umsteigt?"

Die Intention der Scrum-Autoren zur Team-Zusammensetzung lautet: Nicht jede/r soll „alles" können, sondern das Team als Ganzes soll alle Fähigkeiten mitbringen, die zur Produktentwicklung und Qualitätssicherung benötigt werden. Jede/r soll alle seine Kenntnisse und Stärken in das Projekt einbringen und sich seinerseits nicht an zu enge Rollenbilder klammern. Dass man über dieses sinnvolle Zielbild (das in der Praxis gleichwohl nur selten vollständig umgesetzt anzutreffen ist) aber eine Art sprachlichen Gleichmacher stülpt – „Du warst vielleicht früher einmal Testexperte oder Qualitätsmanager, aber fortan sollst auch du wie alle anderen ‚Entwickler' genannt werden!" – ist zumindest fragwürdig. Kein Wunder also, dass das Missverständnis „In agilen Teams gibt es keine Tester bzw. Qualitätsspezialisten mehr!" sich verbreiten konnte.

Eine praxistaugliche Lösung besteht darin, sich als Angehöriger dieser „von Scrum entsorgten" Rollen ins agile Team zu integrieren und sein Wissen einzubringen, ohne auf Titel oder Spezialisierung zu pochen (bereit sein, dazuzulernen und auch mal andere Aufgaben zu übernehmen ist wesentlich in agilen Teams). Wir kennen Beispiele, in denen das funktioniert und z. B. Testexperten gern gesehene Sparringspartner in einem „Pairing" mit einem Entwickler sind. Leider kennen wir aber auch beunruhigende Gegenbeispiele – etwa den Fall eines Testmanagers, der sich erfolgreich in ein agiles Team integriert hat, dem aber (da er ja jetzt „nur noch normales Teammitglied wie alle anderen auch" ist) im Zuge dessen das Gehalt gekürzt wurde. Motivierend dürfte sich das sicher nicht ausgewirkt haben. – Eine andere Lösung werden wir später noch vorstellen, wenn wir über „Agil im Großen" reden.

1.3 „Prozessreifegradmodelle passen nicht zu agilen Prozessen"

Reifegradmodelle wie SPICE (siehe Abb. 1.1) oder CMMI, die auch Qualitätsmerkmale für ein QM formulieren, gelten agilen Teams – trotz stets stattfindendem Tailoring – häufig als zu schwergewichtig, zu phasenorientiert und zu formal und dokumentenlastig. Insbesondere scheinen sie der dem Agilen inhärenten Flexibilität zuwider zu laufen, schon allein weil sie die Existenz eines dokumentierten und standardisierten Entwicklungsprozesses propagieren – schließlich will man sich als Team selbst organisieren und jederzeit Veränderungen am Vorgehen vornehmen können. Auch dieser Widerspruch ist bei genauerer Betrachtung aber nur ein scheinbarer: Reifegradmodelle wie SPICE verlangen nicht, dass ein vorgegebener Prozess stur nachimplementiert und eingehalten wird, sondern vielmehr, den eigenen Prozess dahin gehend weiterzuentwickeln, dass er gewisse Qualitätsmerkmale erfüllt.

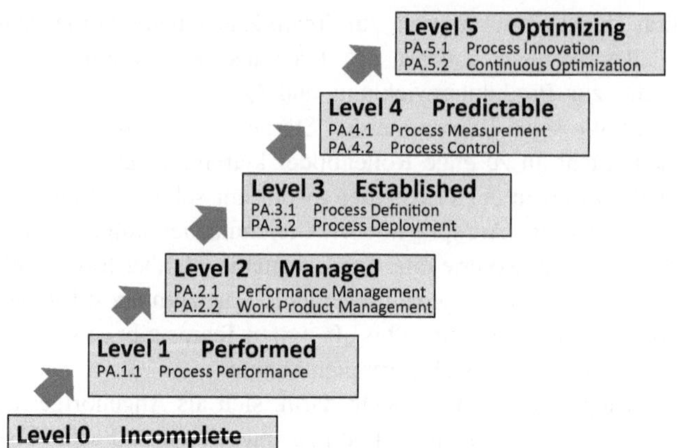

Abb. 1.1 Reifegrad-Stufen am Beispiel SPICE

Details zu dieser Fragestellung sind zu finden in (Brandes, C. und Roßner, T. 2013). Hier sei nur darauf hingewiesen, dass Reifegradmodelle auch in agilen Settings angewendet werden können, wenn bei der Anwendung durch den Auditor einige agile Besonderheiten berücksichtigt werden. Und es gibt schlanke Bewertungsmodelle etwa für die Testqualität, die aufwandsarm projektbegleitend angewendet werden und dem agilen Teams wertvolle Verbesserungsvorschläge geben können – insbesondere zur Integration von Test- und QS-Maßnahmen in den selbst gewählten Entwicklungsprozess.

Übrigens sollte jeder Qualitätsmanager eine agile Idee wie etwa das Meeting „Retrospektive" nach jedem Scrum-Sprint mit Begeisterung begrüßen, stellt es doch nichts anderes dar als die regelmäßige und institutionalisierte „kontinuierliche Prozessverbesserung". Prozessreife und Agilität sind also alles andere als Gegensätze.

Best Practices zu agiler Qualität 2

Eine der wichtigsten Erkenntnisse der letzten Jahre aus agilen Kundenprojekten ist, dass die meisten agil arbeitenden Projekte entwicklergetrieben sind (so sind Scrum-Master häufig ehemalige Entwickler oder Architekten) und deshalb leider meistens die Test- und QS/QM-Themen zu kurz zu kommen drohen. So gibt es immer noch Scrum-Befürworter, die ernsthaft der Meinung sind, dass es in agilen Projekten nur noch zwei Arten von Tests gibt: Unittests (durch die Entwickler) und Akzeptanztests (durch den Product Owner). Das ist ein sehr einfaches und bequemes Bild, vor allem aber ist es *zu* einfach und vielen Produktrisiken schlichtweg nicht angemessen.

2.1 Qualitätschancen, die Agilität mit sich bringt

Viele QS-Aktivitäten, die wir uns in nicht-agilen Projekten seit Jahren als Tester wünschen, rennen eigentlich in agilen Projektteams offene Türen ein. Dazu gehören eine frühzeitige Beteiligung von Testern im Entwicklungsprozess (Testen ist keine „späte Phase"!), idealerweise schon bei der Anforderungserstellung; frühe Testspezifikation; Berücksichtigung von Testautomatisierung durch Architektur und Entwicklung; sowie professionelles Versions- und Konfigurationsmanagement auch im Test. „Quality from the beginning" ist ein in der agilen Community weit verbreiteter Slogan. Nancy van Schooenderwoert (2011) hat dies sehr treffend auf den Punkt gebracht: „If you shoot for quality, speed will come as a side effect; if you shoot for speed, quality will NOT come as a side effect." Denn: QS von Anfang an hilft spätere Korrekturzyklen zu sparen – eine komplett unoriginelle Erkenntnis, die aber unzweifelhaft wahr ist und von den Vätern der agilen Bewegung auch berücksichtigt wurde.

C. Brandes und M. Heller, *Qualitätsmanagement in agilen IT-Projekten – quo vadis?*, essentials, DOI 10.1007/978-3-658-18085-0_2

„Agiles Testen" ist übrigens kein „neues" oder „anderes" Testen. Eine geeignete Definition dafür lautet:

Agiles Testen

„Agiles Testen bedeutet, vorhandene und bewährte Testtechniken so im agilen Entwicklungsprozess zu verankern, dass sie die Ziele des agilen Vorgehens unterstützen, nämlich:

- Schnelles Feedback
- Hoher Automatisierungsgrad
- Geringer Management-Overhead
- Enge Zusammenarbeit im Team." (Wikipedia)

Dass „geringer Overhead" nicht „gar kein Management mehr" heißt, dürfte klar sein. (Generell empfiehlt es sich in agilen Teams, genau auf die Trennung zwischen *Aufgabe* und *Rolle* zu achten. Auch wenn es keinen Test- oder Qualitätsmanager mehr als Rolle gibt, heißt das nicht, dass die Aufgaben der Rolle verschwunden sind.) „Agiles Testen" liefert, zielgerichtet eingesetzt, frühzeitig Informationen zur Produktqualität und leistet seinen Beitrag zur Prozessqualität, indem es etwa Maßnahmen wie eine Retrospektive für die Diskussion von Maßnahmen zur (Test-)Prozessverbesserung nutzt.

Als Best Practices für Test und Qualitätssicherung in agilen Projekten können angeführt werden:

2.2 Agile Teststrategie

Im ISTQB-Standard (ISTQB) gibt es ein Artefakt namens „Testkonzept", in dem die projektspezifische Teststrategie dargelegt wird. Für ein solches Dokument bieten diverse Standards geeignete Vorlagen (hier lohnt etwa auch der Blick zur „neuen Softwaretest-Norm" [ISO 29119]).

Wenn Sie diesen kurzen Textabschnitt den Mitgliedern eines agilen Teams vorlegen, werden Sie mit hoher Wahrscheinlichkeit kollektives Stirnrunzeln und Naserümpfen ernten. Die Begriffe „Standard", „Dokument" und „Norm" lösen dort häufig initiale Abwehrreflexe aus. Dabei ist Prozessreife – wozu die Nutzung praxisbewährter und nutzbringender Ergebnisse gehört – jedem agilen Team ein immanentes Anliegen. Aber die Sorge, von starren und dokumentenlastigen Prozessvorgaben „ausgebremst" zu werden, ist halt in vielen Köpfen noch allzu gewärtig.

Trotzdem: Auch agile Teams benötigen eine Teststrategie! Diese muss aber NICHT zwingend aussehen wie ein Testkonzept nach IEEE 829, das Gefahr läuft, als „Schrankware“ ungelesen in einem Regal zu verstauben. Es gibt Formate, die zu agilen Teams kompatibler sind – etwa eine „Definition of Test“ auf Grundlage der agilen Testquadranten nach (Marick) (siehe Abb. 2.1). Wenn diese ihren Zweck erfüllt, vom Team akzeptiert und gelebt und gepflegt wird und die Frage „Was soll wie getestet werden?“ zielführend beantwortet, sollte kein Qualitätsmanager der Welt daran etwas zu mäkeln haben.

Anders gesagt: Alles, was etwa der ISTQB-Standard an guter und bewährter Testpraxis empfiehlt (Einsatz von Testmethoden, risikobasiertes Testen, usw.), lässt sich problemlos auch in ein agiles Set-up integrieren. Entscheidend ist auch hier wieder die Frage: Hilft es dem Team, und stimmt das Verhältnis aus Aufwand und Nutzen? Es spricht überhaupt nichts dagegen, in agilen Projekten zu verlangen, dass Requirements (wie etwa User Stories) eine Risikobewertung tragen müssen, oder dass Fehler, deren Behebung sich nicht innerhalb des laufenden Entwicklungszyklus’ wird leisten lassen können oder die gar eine andere Organisationseinheit beheben muss, in einem definierten Werkzeug als formales Ticket zur Nachverfolgung dokumentiert werden. Beides unterstützt das Testvorgehen und damit die entstehende Produktqualität.

Zuletzt: Wenn die QM-Vorgaben eines Unternehmens gewisse Ergebnisse und Dokumente (etwa Testprotokolle) verlangen, ist es wie gesehen ein Leichtes,

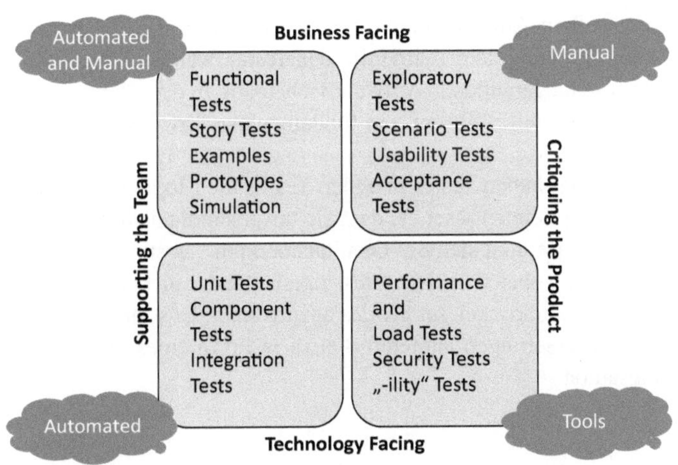

Abb. 2.1 Agile Testquadranten. (Nach B. Marick)

dies in eine agile Team-Charta aufzunehmen. Und dass die „agile Teststrategie" als Teil der kontinuierlichen Prozessverbesserung etwa in Sprint-Retrospektiven regelmäßig kritisch hinterfragt und vom Team gemeinsam verbessert werden kann, steht außer Frage. Es spricht also nichts dagegen, die Anforderungen eines QM-Systems in agilen Projekten umzusetzen. Man sollte sich aber dem Umstand, dass QM-Vorgaben von agilen Teams auch mal kritisch hinterfragt werden, ebenso unvoreingenommen stellen.

2.3 Testbare Anforderungen

In vielen agilen Projekten – nehmen wir als weit verbreitetes Beispiel die „User Stories" aus Scrum – wird verlangt, dass Anforderungen Akzeptanzkriterien tragen. Nach unserer Erfahrung verdienen aber die meisten entstehenden Kriterien diesen Namen nicht: Anstatt auszudrücken, was prüfbar erfüllt sein soll, damit der Auftraggeber (Product Owner) das Projektergebnis abnimmt, formulieren sie ihrerseits wieder lediglich weitere Anforderungen, bei denen überhaupt nicht klar ist, wie man sie denn nun prüft und entscheidet, ob sie erfüllt sind oder nicht. Das Ideal wäre, mit automatisierten Akzeptanztests zu arbeiten. (Als Spielart könnte man dies als „test first" aufziehen und würde bei „acceptance test driven development/ATDD" landen.) Das Minimum sollten nach unserer Erfahrung *Beispiele* sein – der Ansatz „Specification By Example" (Adzic 2011) erfreut sich zunehmender Beliebtheit.

Außerdem sollten Anforderungen eine Risikobewertung tragen, die etwa in einem Planning-Meeting dem Team hilft, den Testaufwand entlang der definierten Teststrategie festzulegen und als Aufwandsschätzung in den Planungsprozess einzubringen. Risikobasiertes Testen, ein fundamentales Erfolgsprinzip, passt problemlos in ein agiles Vorgehen.

Und nicht zuletzt haben Tester in agilen Teams die Möglichkeit, nicht testbare Anforderungen abzulehnen – sei es, dass sie unverständlich sind, zu groß oder zu vage. Auf diese Weise lässt sich das Qualitätsmerkmal „Testbarkeit" gut im agilen Prozess verankern, wobei sich ein professioneller Tester nicht darauf beschränken sollte, fehlende Qualität von User Stories anzumäkeln: Er sollte auch konstruktive Mitarbeit an Verbesserungen anbieten – etwa in Form eines „Pairings" mit dem Anforderungsautor.

2.4 Reife Testautomatisierung

Testautomatisierung bezeichnet in der Regel die Automatisierung der Testdurchführung, d. h. geeignete Werkzeuge (sogenannte „Testroboter“) geben Tests automatisiert z. B. über Nacht zuverlässig und reproduzierbar in das Testobjekt ein und protokollieren die Testergebnisse. Nun gibt es aber unterschiedlich reife Formen von Testautomatisierung: Lässt man sich etwa auf das Aufzeichnen manueller Testdurchführungen ein (genannt „Capture and Replay“ oder „Record and Playback“), wird man mit hoher Wahrscheinlichkeit mittelfristig vor massiven Wartungs- und Pflegeproblemen stehen. Letzteres, auch bekannt als „Anwachsen der technischen Schuld“ (increasing technical debt) ist einer der Hauptgründe dafür, warum so viele Testautomatisierungen scheitern und nur eine kurze Lebensdauer haben. Dies bezeichnen wir als „unreife“ bzw. nicht nachhaltige Automatisierung.

Agile Projekte nun sehen in der Automatisierung von Tätigkeiten, die sinnvoll und nutzbringend automatisiert werden können, generell einen hohen Wert. Für Komponententests beim Entwickler ist dies in der Regel eine Selbstverständlichkeit: Die heute gängigen Unittest-Frameworks am Markt sind ja gerade deshalb so erfolgreich und akzeptiert, weil sie zu automatisierten Tests führen und den Entwickler in seiner gewohnten Tätigkeit abholen. Trotzdem gilt es auch hier, auf die Qualität der Tests und die Lesbarkeit des Testcodes zu achten! Regeln wie „Clean Code“ (Martin 2009) oder „Collective Code Ownership“ (gemeinsame Code-Verantwortung) sollten genauso für den Testcode wie den Programmcode gelten.

Für Systemtests und Abnahmetests – also Tests aus Benutzerperspektive – sieht die Lage indes deutlich anders aus: Zwar existieren verschiedene Frameworks für „automatisierte Akzeptanztests“ am Markt, doch sind die Erfolge nicht immer zufriedenstellend. Nötig sind hochwertige und reife Automatisierungslösungen. Letztlich verlangt dies nach einer tragfähigen *Automatisierungsarchitektur* mit Schichtenbildung und Modularisierung (siehe Abb. 2.2). Insbesondere datengetriebenes und schlüsselwortbasiertes Testen sind in der Praxis bewährte Ansätze, die dafür sorgen, dass die Erstellung neuer und die Anpassung vorhandener automatisierter Testfälle überhaupt mit den kurzen Zyklen agiler Projekte mithalten können! Anders gesagt: Aus wirtschaftlichen Gründen sollte Testautomatisierung immer einen hohen Reifegrad aufweisen – und in agilen Projekten verschärft sich diese Qualitätsanforderung zu einem unverzichtbaren Muss.

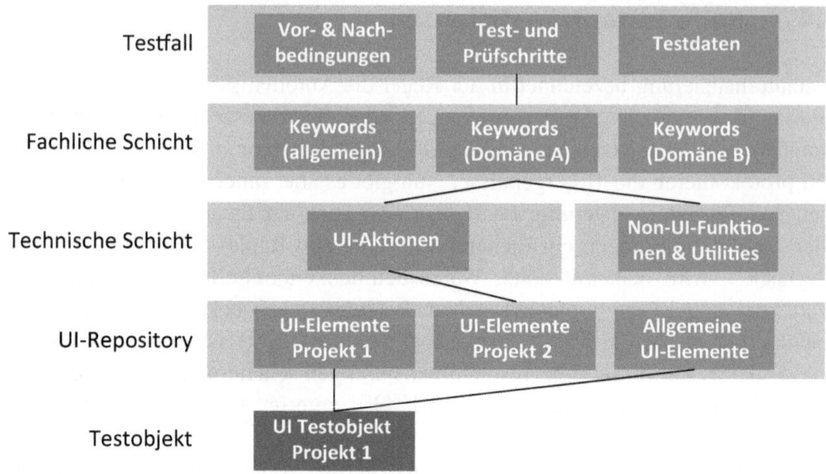

Abb. 2.2 Reife Testautomatisierung trennt modular zwischen Testlogik und Implementierung

2.5 Continuous Integration

Wenn Continuous Integration (CI) zur Sprache kommt, gilt der erste Gedanke im Regelfall den Werkzeugen. Die meisten agilen Teams und Projekte haben entweder etablierte Toolketten für CI oder sind gerade dabei, sie einzuführen. Grundlage ist ein Tool zum Konfigurationsmanagement und zur Versionsverwaltung. Neben einem CI-Server umfasst die Minimalmenge für CI typischerweise Tools für Whitebox-Tests und Unittests des Entwicklungscodes, den Compiler, und natürlich Tools für den automatischen Build-Prozess. Beim Aufbau eines solchen CI-Toolings kann man verschiedene Hersteller- oder Open-Source-Produkte zu einer individualisierten/passgenauen Lösung zusammensetzen („Best of Breed"-Ansatz) oder alternativ die Produkte aus der Hand eines einzigen ALM-Herstellers („Application Lifecycle Management") für sich zu nutzen versuchen.

Laufen diese Werkzeuge auf den Rechnern der Entwickler und auf einem weiteren Rechner für zentrale Builds, der ähnlich konfiguriert ist wie die einzelnen Entwicklungsrechner, so lassen sich schon nutzbringend Unittests (auch genannt automatisierte Entwicklertests oder Komponententests) automatisieren und im Team gemeinsam nutzen. Spannend wird es beim Deployment in komplexere Zielumgebungen – denn wie diese Zielumgebung aussieht, entscheidet ja darüber, welche Arten von automatischen Tests danach überhaupt möglich sind. Und in der Qualität der Tests schlummert natürlich das Herzstück der CI – vor allem hochwertige Tests bieten das Potenzial für eine Steigerung der Softwarequalität. Die Werkzeuge am Markt bieten inzwischen einiges an Hilfestellung für das Handling von Zielumgebungen. Oft spielt Virtualisierung dabei eine große Rolle.

Manchmal stößt man auf Aussagen wie: „Der Aufwand für die Einführung von CI-Tools macht sich bereits nach einem Monat wieder bezahlt, da CI wesentlich zur Effizienzsteigerung der Entwicklung beiträgt“ (Lang, M. und Scherber 2013, S. 403). Es gibt durchaus viele Projekte, die genau diese Erfahrung machen, und wenn es um ein neu startendes Softwareprojekt geht, stehen die Chancen auch gut. Genauso häufig wird CI aber ein Fall von „verbrannter Erde“: Mit hohem Aufwand wurde mit CI-Toolketten der Versuch gestartet, teamübergreifende Tests zu automatisieren und regelmäßig durchzuführen (weil man das ja agil so macht). Und irgendwo auf dem Weg sind dann die Aufwände davongelaufen, bevor genug Nutzen sichtbar wurde. Es gab viele Unittests – aber zwei Drittel davon melden monatelang „rot“, und neue Features sind gerade viel wichtiger, sodass keine Zeit im Team bleibt, sich um die Wartung und Pflege der automatischen Tests zu kümmern. Der Weg zur agilen Reife liegt auch hier in einem konsequenten Quality-First-Mindset: Wenn jeder automatisierte Test, der nicht PASSED ist, sofort einen Kümmerer findet, wird auch der Aufwand für die Fehlersuche in den automatischen Tests leichter handhabbar.

Wie im Abschnitt „Reife Testautomatisierung“ beschrieben, ist für Systemtests und Abnahmetests eine tragfähige Automatisierungsarchitektur nötig. Dazu gehören natürlich auch passende Tools:

- Testroboter, die Skriptsprachen mitbringen und GUI-Elemente robust und zuverlässig erkennen,
- Testmanagementsysteme, die Keywords unterstützen und die Automaten steuern können.

Damit Systemtests im CI nutzbar sind, ist ein teamübergreifendes automatisches Deployment in eine gemeinsame Testumgebung und ein gemeinsames Testdatenmanagement erforderlich, bei dem der Pflegeaufwand für die automatisierten Tests ihrem Nutzen nicht davonläuft. In großen Projekten ist keines dieser Themen billig oder schnell zu haben.

Die Frage, wie viel Aufwand getrieben werden soll, um zu einem testbaren Gesamtsystem zu integrieren, muss sich einerseits an Wirtschaftlichkeitsbetrachtungen orientieren. Andererseits ist schon der automatisierte Entwicklertest, der über die reine eigene Komponente hinausgeht und als Integrationstest einen „Mock“ (Platzhalter) für andere Komponenten benötigt, oft in Gefahr, dem

Feature-Druck zum Opfer zu fallen. Theoretisch schätzt ja das Team seine Aufwände inklusive aller nötigen qualitätssichernden Maßnahmen ab, sodass genug Zeit für die Erstellung und Pflege von Mocks eingeplant sein sollte. Aber gegen den mächtigen Marktdruck sind nach unserer Erfahrung auch agile Projekte nicht gefeit, obwohl sie wissen, dass man diesem nicht nachgeben und dabei Qualitätsziele vernachlässigen sollte. Und ohne eine solide Testabdeckung in den verschiedensten Schichten des zu entwickelnden Gesamtsystems wird auch die Qualitätssteigerung nicht erreicht, die nötig ist, um eine agile Zusammenarbeit mit weniger formalen Quality Gates erst realistisch zu machen. Die Empfehlung lautet hier: Dort, wo agile Projekte noch nicht in der Lage sind, kontinuierlich zu integrieren und zu testen, sollten sie auch die klassischen Quality Gates – z. B. Systemintegrationstests als formale Teststufen – nicht aufgeben. Eine schöne Begrifflichkeit dafür bieten „Undone Departments", wie wir später noch erläutern werden.

Am Ende jeder CI-Toolkette (siehe Abb. 2.3) findet sich ein Berichtswesen (Reporting). Oft gibt es große Bildschirme in Teamräumen, auf denen zu sehen

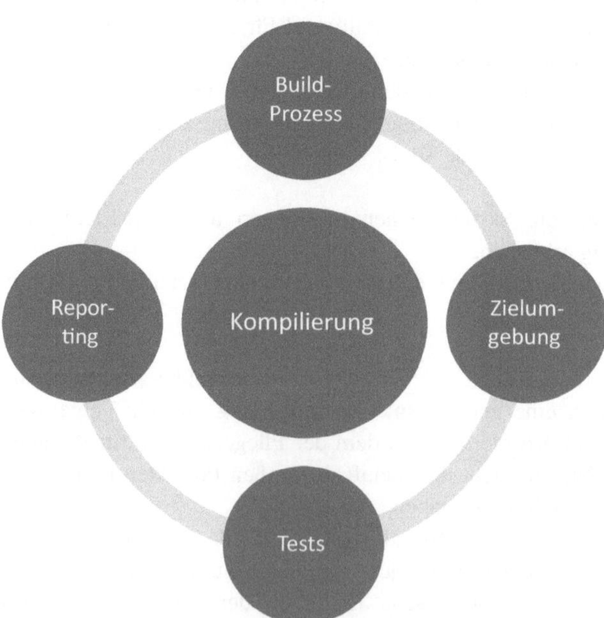

Abb. 2.3 Adressierte Themen in einer Werkzeugkette zur kontinuierlichen Integration

ist, wie die letzten Builds funktioniert haben. Das ist hilfreich, denn es fördert das Quality-First-Denken im Team. Typisch ist dabei die Ermittlung einer Code-Abdeckung der durchgeführten Tests. Oft werden wir nach einer allgemeinen Zielgröße für die Code-Abdeckung gefragt, aber diese Frage führt aus zwei Gründen auf die falsche Fährte: Einerseits hat jedes Projekt andere Voraussetzungen – es macht daher meist mehr Sinn, die zeitliche Entwicklung der Code-Abdeckung innerhalb eines Projektes zu beobachten. Andererseits ist der Testerblick für eine Bewertung der Abdeckung von automatischen Tests viel wichtiger als eine reine Reporting-Kennzahl. Teams, die ihre Unittests im Pairing zwischen Tester und Entwickler möglichst hochwertig vorantreiben, kommen meist weiter als Teams, die formal eine 100 %-Codeabdeckung fordern und mit viel Aufwand und Fleißarbeit von Entwicklern wenig aussagekräftige Tests für Legacy Code nachrüsten, der im schlimmsten Fall noch nicht mal häufig von Änderungen betroffen ist. Das ist eine der Chancen von agiler QS – die Fälle, in denen Systemtester von den Unittests nur wissen, dass es sie „vermutlich" gibt, werden deutlich seltener.

Blick nach vorn 3

3.1 Agil „im Großen"

In vielen Unternehmen, die auf den agilen Zug aufgesprungen sind, kam die ursprüngliche Initiative aus den Reihen der Entwickler selbst. Der Fokus lag dann darauf, *einzelne Teams* in die Welt agiler Werte einzuführen und im Laufe der Zeit zunehmende Teamreife zu erreichen. Agile Teams konnten auch vielfach sichtbar ihren Mehrwert unter Beweis stellen. Die Managementsicht auf Agilität in der Softwareentwicklung veränderte dadurch im Laufe der Jahre ihre Einschätzung von „exotische und undisziplinierte Spielerei unserer Entwicklungsabteilung" zu „State-of-the-Art und Königsweg zum Kostensparen". In beiden Fällen geht das nicht unbedingt mit einem Verständnis der zugrunde liegenden Werte einer Lean-Agile-Leadership einher. Zugleich wuchsen aber auch die Größe und Komplexität der Projekte, die von agilen Teams abgewickelt werden. Verschiedene Frameworks, die über den ursprünglichen Scrum Guide hinausgehen, entstanden. Diese Frameworks entwickeln Vorschläge, wie *teamübergreifende* Qualität etabliert werden kann. Denn hier liegt ein potenzieller Schwachpunkt jedes agilen Teams: Die Qualität endet bei einer „Definition of Done", die mit den Mitteln des Teams erreichbar ist. Außerdem optimieren stark selbstorganisierende Teams verwendete Werkzeuge auch sehr stark auf die eigenen Bedürfnisse hin. Es besteht nicht viel Anreiz zu teamübergreifenden Kompromissen oder gar unternehmensweiter Standardisierung.

Eine Gemeinsamkeit verschiedener agiler Frameworks sind mithin „übergreifende Teams" oder Zentralteams, die mit anderen Teams bei der Qualitätskontrolle und bei technischer Infrastruktur zusammenarbeiten. Um drei Beispiele herauszugreifen:

C. Brandes und M. Heller, *Qualitätsmanagement in agilen IT-Projekten – quo vadis?*, essentials, DOI 10.1007/978-3-658-18085-0_3

3.1.1 SAFe®

Das recht bekannte „Scaled Agile Framework“ (SAFe) wurde zum Jahresbeginn 2016 in einer neuen Fassung 4.0 vorgestellt. Es führt viele über den Scrum Guide hinausgehende Begriffe, Teams und Rollen ein. Insbesondere kennt es ein „System Team“ und verankert dort ein „end-to-end solution testing“. Es bietet damit den klassischen Systemintegrations-Testern eine Heimat an.

3.1.2 LeSS

Das „Large-Scale Scrum Framework“ (LeSS) prägt den Begriff der „Undone Departments“ (siehe Abb. 3.1).

Zu den „Undone Departments“ zählt LeSS Qualitätssicherung, Testabteilungen, Architektur-Teams und Business-Analyse-Gruppen. Gleichzeitig fordert LeSS, dass man idealerweise keine Undone Departments brauchen sollte. Aber manchmal seien agile Teams eben (noch) nicht in der Lage, wirklich potenziell auslieferbare Softwareinkremente in jedem Sprint zu erzeugen, und hierbei könnten sie hilfreich sein.

3.1.3 Nexus™

Dieser neue Vertreter der „großen“ agilen Frameworks wurde im August 2015 veröffentlicht (Nexus). Der Nexus-Guide propagiert sog. „Nexus Integration Teams“. Inhaltlich gibt es viele Überschneidungen mit den „Undone Departments“ von LeSS: Auch von einem „Nexus Integration Team“ wird erwartet, dass es die anderen Teams durch Coaching und technische Hilfestellung voranbringt.

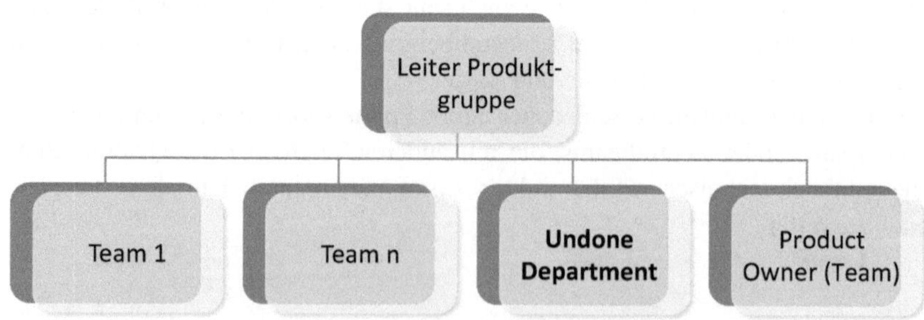

Abb. 3.1 „Undone Department“ als Zentralteam im LeSS-Framework

In der Zusammenfassung: Alle hier vorgestellten Frameworks propagieren Zentralteams – egal ob SAFe® „System Teams“, Nexus „Integration Teams“ oder eben Less® „Undone Departments“. Wir halten den Begriff des „Undone Departments“ für eine durchaus elegante Generalisierung von „übergreifende Teams“, die sich gut in den agilen Sprachgebrauch einreiht und auf der „Definition of Done“ einzelner Teams aufsetzt.

Im Geiste der Lean-Agile-Leadership funktionieren solche Zentralteams am besten im Sinne eines „Servant Leaders“ (Wikipedia). Sprich: Die zentralen Teams müssen den Qualitätsgedanken gleichzeitig einfordern und coachen, aber auch die Transformationsstrategien aus den Ideen der Einzelteams heraus schrittweise bewältigen. Große Projekte sollten zentrale Strukturen aufbauen, die Unterstützung für ein gemeinsames Tooling bei der Automatisierung von Systemtests bieten. Der Teil 5 der Norm ISO 29119 (ISO) beschreibt mit „Keyword Driven Testing“ einen praxisbewährten Ansatz. Gerade die Maxime „jedes Team sucht sich selbst die besten Tools zusammen“ kommt im Großen wie gesagt schnell an ihre Grenzen. Die Zentralteams tragen in der Praxis die verschiedensten Namen, denn sie spiegeln immer auch die historische Entwicklung im Unternehmen wider. In Projekten sind wir z. B. auf Begriffe wie „Alpha-Gruppe“ gestoßen. Hier lauern unter Umständen klassische Projektmanagement- bzw. Wasserfall-Denkweisen: eine übergeordnete Einheit „pusht“ Arbeitspakete in die untergeordneten Teams. Solche Entwicklungsstufen sind aber nicht untypisch für agile Transformationen, die ja inzwischen nicht mehr nur „bottom-up“ bei den Einzelteams beginnen, sondern zunehmend auch „top-down“ aufgrund einer Managemententscheidungen ablaufen. Der Nexus Guide formuliert als Forderung an das Zentralteam: „They should use bottom-up intelligence.“

3.2 Zur Rolle des Qualitäts- bzw. Testmanagers

Noch mal zurück zu „Test- und Qualitätsmanager gibt es in agilen Projekten nicht“. Leider gehört es für uns zum Projektalltag, von – ehemaligen – Testmanagern zu hören, dass bei einem „Going Agile“ plötzlich niemand mehr sagen konnte, wo denn der Platz sein soll, an dem zukünftig ihre Fähigkeiten und ihr Wissen gefragt sein werden. Dabei ist der unbedingte Fokus auf „Built-In-Quality“ und mithin auch professionelle QS eine der treibenden Kräfte im Agilen. Hier liegen die eingangs beschriebenen Qualitätschancen, die Agilität mit sich bringt.

Zu Beginn einer agilen Transformation kann das bedeuten, ganz klassisch mit Teststufen aus dem allgemeinen V-Modell zu arbeiten, die z. B. in den Nexus-Integration-Teams verantwortet werden – für Testaufgaben, die eben noch nicht in einen Sprint vorgezogen werden können. Im Laufe der Reifung sollten dann aber diese Teams kleiner werden.

3.3 „User Story Workshops"

Ein agiler Umbruch im Verhältnis zwischen Testern, Testmanagern und den anderen Projektbeteiligten schimmert im Nexus Guide (Nexus) an folgender Stelle durch: „Product Backlog items are often resolved to a granularity called thinly sliced functionality." Was bedeutet die Forderung, dass Anforderungen „dünn geschnitten" (thinly sliced) sein müssen? Der Umbruch besteht darin, dass Tester in agilen Teams aufhören sollten, sich über ungenaue oder schlecht testbare Anforderungen nur zu beschweren: Stattdessen sollten Tester ungefragt und immer wieder den Product Ownern und Entwicklerkollegen ein Dienstleistungsangebot machen („Manager Teacher"), das auf Dauer nicht abgelehnt werden kann und darf: „Wir sind Testexperten und wir sind hier. Was steht als Nächstes im Team an? Lasst es uns gemeinsam vorbereiten und testbar gestalten!" Der zugehörige Prozess ist in der agilen Literatur bekannt und wird mit „Backlog Refinement" oder „Backlog Grooming" bezeichnet.

Und um in diesem Zusammenhang noch einen dritten Ansatz ins Spiel zu bringen: Modellbasiertes Testen (Model Based Testing) kann auch für agile Teams eine Bereicherung sein. Schon ein GUI-Mock-Up ist in gewissem Sinne ein grafisches Modell, das den Projektbeteiligten hilft, gemeinsam über zukünftige Features zu reden. Und man kann sogar weiter gehen und Abläufe oder Strukturen als formale Modelle in entsprechenden Werkzeugen „modellieren". Solche Modelle können nicht nur in einem User-Story-Workshop die Teamdiskussion bereichern, sondern sie bieten die Chance auf mehr Automatisierung, genauer: eine Automatisierung des Testdesigns. Mit Hilfe von entsprechenden Werkzeugen können sogar Testfälle aus solchen Modellen abgeleitet werden (Brandes 2015).

3.4 Testbarkeit via Architektur

Die Zusammenarbeit zwischen QS/QM und Architektur wird in Zukunft definitiv an Bedeutung gewinnen. Ziel sollte eine frühzeitige Kommunikation sein, um *konstruktive* QS-Maßnahmen bereits in den ersten Architekturentscheidungen geeignet vorzusehen. Auf diese Weise lässt sich das oft stiefmütterlich behandelte nichtfunktionale Qualitätsmerkmal „Testbarkeit“ zielführend und kostenminimierend berücksichtigen (Brandes et al. 2016).

Das grundsätzliche Thema „Design for Testability“ ist zwar nicht neu, aber den Kinderschuhen bisher nicht wirklich entwachsen. Auch hier bieten agile Teams Chancen – etwa mittels kleiner Schritte, die sich inkrementell dem Ziel nähern (Lang, M. und Scherber 2013). Den Chancen steht aber auch ein zunehmender Erfolgsdruck gegenüber: Schaut man sich Themen wie „Internet of Things“ oder „Cloud Testing“ an, wird schnell klar, dass aus Qualitätssicht Integrationstests, Testumgebungen und Testdatenmanagement allesamt sowohl an Bedeutung als auch an Komplexität zunehmen (Studie). Nötig sind schon heute geeignete Test-Schnittstellen (nach ISTQB: „Points of Control“ bzw. „Points of Observation“) sowie ein funktionierendes Konfigurationsmanagement. Tatsächlich sind Architektur, QM und agile Teams hier gemeinsam gefordert.

3.5 „DevOps"

Das agile Mindset einer respektvollen und vertrauensvollen Zusammenarbeit lässt sich nicht nur auf Tester und Architekten anwenden, sondern auf die Bereiche Entwicklung (DEVelopers) und Betrieb (OPerations). Das Ergebnis wird derzeit unter dem Kunstwort „DevOps“ zusammengefasst. Auslöser ist ein Zielkonflikt zwischen den beiden Bereichen, der durch agile Entwicklungsprozesse noch verschärft wird: Während agile Teams in kurzen Releasezyklen Software an den Kunden ausliefern wollen, hat der Betrieb traditionell das Bestreben, Änderungen an stabil laufender Software möglichst zu vermeiden. Beide wollen damit im Unternehmen jeweils ihren Wert unter Beweis stellen: Die Entwicklung liefert schnell und oft nützliche neue Features, der Betrieb sorgt für zuverlässig und stabil laufende Software. Gibt es Probleme, suchen beide schnell die Schuld beim jeweils anderen. Dies künftig zu vermeiden, ist der Anspruch der DevOps-Bewegung. Für unser Thema besonders spannend: Die gemeinsame Klammer für beide heißt „Qualität“!

DevOps versucht, die „Mauer“ zwischen Entwicklung und Betrieb einzureißen – durch gemeinsam genutzte Werkzeuge, etwa für Konfiguration, Deployment, Umgebungsmanagement. Stichworte sind „Infrastructure as Code“ und „Continuous Delivery“. Aus QM-Sicht stecken hier tatsächlich Chancen – durch gemeinsam genutzte (und qualitätsgesicherte) Artefakte, konsequentes Versions- und Konfigurationsmanagement und umfassendes Denken in „quality first“. Besonders charmant daran ist, dass viele der unter „DevOps“ anzutreffenden

Ideen als konstruktive QS-Maßnahmen bewertet werden können, während etwa die typische Betriebsaufgabe „Monitoring“ (die natürlich nicht verschwindet) rein reaktiv wirkt. Andererseits bietet sich hier zugleich eine Kennzahl an, die ein kritisches Firmen-Management vom (auch monetären) Nutzen von DevOps-Neuerungen überzeugt: Veränderungen erzeugen Kosten, und wenn das Monitoring belegt, dass Probleme und Fehler (mit anschließender kostspieliger Behebung) nachweislich abnehmen, hat sich die Investition in DevOps-Mechanismen gelohnt. Fehlerkosten sind ja generell ein guter Hebel, um Veränderungen zu mehr Qualität zu motivieren.

4 Freiheitsgrad agiler Methoden versus QM-Anforderungen – eine Empfehlung

Spätestens mit den Fragestellungen rund um „agile Unternehmen“ ist Agilität auch im Qualitätsmanagement als Thema angekommen. Freiheitsgrade, die agile Teams einfordern, kollidieren möglicherweise mit QM-Vorgaben, aber diese Konflikte lassen sich nach unserer Erfahrung meistens befriedigend auflösen. Wie dies jetzt und künftig gelingen kann, haben wir in diesem Beitrag dargelegt. Letztlich verfolgen beide Parteien die gleichen Ziele: reife Prozesse und hohe Produktqualität. Nur die Wege dorthin unterscheiden sich, denn sie kommen aus unterschiedlichen Richtungen – agile Teams „bottom up“ und QM-Stellen „top down“. Unverzichtbar ist auf beiden Seiten die Bereitschaft, die Sichtweisen und Methoden der jeweils anderen Fraktion undogmatisch zu betrachten. Letztlich hilft auch hier einer der vier agilen Werte des zu Beginn zitierten Manifests: „collaboration“ ist demnach ein höherer Wert als die sture „contract negotiation“.

C. Brandes und M. Heller, *Qualitätsmanagement in agilen IT-Projekten – quo vadis?*, essentials, DOI 10.1007/978-3-658-18085-0_4

Literatur

Adzic, G. (2011). *Specification by example*. New York: Manning.

Agiles Manifest: agilemanifesto.org. Zugegriffen: 11. März 2016.

Brandes, C. (2015): “Modellbasiertes Testen: Testkosten senken, Qualität steigern”. *IT-Management (Juli-August), 2015,* 22–24.

Brandes, C., & Roßner, T. (2013). Geht doch! Wie Agilität und Prozessreifegrad-Modelle zusammenpassen. *iX Developer, 2013*(3), 134–139.

Brandes, C., Okujava, S., & Baier, J. (2016): „Architektur und Testbarkeit: Eine Checkliste (nicht nur) für Softwarearchitekten“. *OBJEKTspektrum, 2016*(1/2), 72–76.

ISO 29119: www.softwaretestingstandard.org. Zugegriffen: 11. März 2016.

ISTQB Certfied Tester – Ausbildungsschema: www.istqb.org. Zugegriffen: 11. März 2016.

Lang, M., & Scherber, S. (Hrsg.). (2013). *Perfekte Softwareentwicklung*. Düsseldorf: Symposion Publishing.

LeSS: less.works. Zugegriffen: 11. März 2016.

Marick, B.: Agile Testquadranten: lisacrispin.com/2011/11/08/using-the-agile-testing-quadrants/. Zugegriffen: 11. März 2016.

Martin, R. C. (2009). „Clean Code“. Heidelberg: mitp.

Nexus: www.scrum.org/Resources/The-Nexus-Guide. Zugegriffen: 11. März 2016.

Offizieller SCRUM-Guide: www.scrumguides.org. Zugegriffen: 11. März 2016.

SaFE: www.scaledagileframework.com. Zugegriffen: 11. März 2016.

Schooenderwoert, N. v. (2011). „No Bugs“, Keynote auf dem QS-Tag 2011 in Nürnberg. http://www.qs-tag.de/fileadmin/Resources/QSTag/Archive/files/2011/abstracts/abstract-vanschooenderwoert/index.html#c12417. Zugegriffen: 11. März 2016.

Spillner, A., Vosseberg, K., Winter, M., & Haberl, P. (2012). „Wie agil ist die Praxis? Auswertung der Umfrage Softwaretest in der Praxis“. *iX Developer, 2012*(1).

Studie „The Future of Testing“: www.imbus.de/unternehmen/forschung/the-future-of-testing. Zugegriffen: 11. März 2016.

Wikipedia zu „Agiles Testen“: de.wikipedia.org/wiki/Agiles_Testen. Zugegriffen: 11. März 2016.

Wikipedia-Seite zu „Servant Leadership“: de.wikipedia.org/wiki/Servant_Leadership. Zugegriffen: 11. März 2016.

C. Brandes und M. Heller, *Qualitätsmanagement in agilen IT-Projekten – quo vadis?,* essentials, DOI 10.1007/978-3-658-18085-0